AF359019

DES
SYSTÊMES ACTUELS
D'ÉDUCATION
DU PEUPLE,

Par L.F.M.J. DE ROBIANO DE BORSBEEK.

BRUXELLES,

Chez P.-J. HEYVAERT et Ve F. PAUWELS,
rue de la Madelaine, Sect. 7, N.º 445,

Et chez les principaux Libraires des Provinces.

JANVIER 1819.

AVANT-PROPOS.

Lorsqu'on veut asseoir un jugement juste sur des opinions vivement attaquées entre des partis opposés, il ne suffit pas de rechercher la vérité sans prévention ni préjugés, chose déjà très-difficile ; il faut encore être bien déterminé à embrasser la vérité toute entière, et telle qu'elle se présentera, dût-elle blesser nos idées antérieures.

C'est dans cet esprit que je vais essayer de traiter la matière présente, quoique ce que j'ai vu et lu ne laisse aucune incertitude dans mon esprit. Je prie le lecteur d'user de la même modération et de la même impartialité que moi, quand même il croirait aussi que la question ne peut-être douteuse.

Aujourd'hui on suit un autre système : celui qui juge ne se croit pas impartial, s'il n'exige de chaque partie des concessions mutuelles ; ceux qui contestent désespèrent presque d'être écoutés s'ils ne se montrent prêts à transiger sur quelques-uns de leurs principes. Et tout cela s'appelle modération, libéralité. On peut croire que si de tels juges avaient été assis sur le trône de Salomon, ils auraient accédé au désir de la fausse mère. L'enfant aurait été partagé ; mais il serait mort. C'est cette mort qu'on ne prévoit pas, quand on se montre si facile à abandonner quelque partie d'un système homogène, d'une méthode, d'une institution dont toutes les parties sont liées et coordonnées entr'elles.

En permettant par complaisance ou par faiblesse d'en retrancher quelque partie ou d'y inoculer quelque sève étrangère, ne s'expose-t-on pas, ou à les priver d'un organe vital ou à exciter une fermentation nuisible ? Il y a aussi des institutions vicieuses par la base ; celles-là ne sauraient être corrigées : il faut les proscrire. Ainsi les Édiles faisaient abattre les édifices assis sur de mauvais fondemens, afin de préserver la vie des citoyens.

Voyons si parmi les systèmes actuels d'éducation, il y en a qui puissent et qui doivent être modifiés, s'il y en a qui doivent être proscrits, et si l'on peut en admettre d'autres, tels qu'ils sont.

DES
SYSTÊMES ACTUELS
D'ÉDUCATION
DU PEUPLE.

CHAPITRE Ier

Du but général auquel on veut faire servir l'éducation du peuple.

Un projet gigantesque a été conçu, et se poursuit avec une ardeur inouie. Il embrasse dans les deux hémisphères tous les continens et toutes les îles soumis à l'influence et aux mœurs européennes. Quel est donc ce projet? Celui d'illuminer tous les hommes par les lumières du siècle, et de dissiper les ténèbres dans lesquelles ils ont été ensévelis jusqu'à présent.

Un cri s'est fait entendre, et un million d'échos le répètent sans cesse. Au mépris du Fils de l'Éternel, *qui est la lumière véritable qui éclaire tout homme venant en ce monde,* l'impie a osé s'écrier : *Je suis la lumière, hors de moi il n'y a que ténèbres.* Ce blasphème inoui aurait dû répandre l'effroi; mais les fils d'Ève, charmés à ces mots, comme leur mère à la voix du serpent, sont accourus eu foule à la fausse lueur qu'on leur a présentée.

Cette victoire est grande, mais le génie des lumières nouvelles ne connaît ni repos ni satiété : un succès lui fit espérer une victoire, et une victoire un empire absolu. Il ne croit rien avoir fait s'il n'a tout fait; il a renversé des autels, mais on en a relevé; il s'est assis sur des trônes, mais quelques-uns le repoussent; il a moissonné des sacrificateurs, mais le sacrifice n'est pas interrompu; il a entraîné les pères, mais il faut que d'âge en âge les fils le suivent.

Il n'a pas craint d'attaquer ouvertement la lumière véritable, il n'a même négligé aucune attaque indirecte. Les fondemens des empires, les transactions politiques, les institutions, et enfin l'éducation ont dû subir son joug. De là ces constitutions, ces traités, ces codes sans Dieu, ces lois, ces universités, ces écoles où, sous des formes plus ou moins vives, suivant l'exigence des temps, se retrouve toujours l'empreinte de ce funeste génie. Les œuvres de son aveugle rage, on le sait, ne durent qu'un moment; mais, fertile en trames et en ruses, il remplace encore par ses œuvres celles qui se sont écroulées. Les nations sont devenues semblables à l'idole qu'elles adorent : elles ont des yeux et elles ne voient pas; après les avoir jetées dans un précipice, elle les attire dans un autre, et elles la suivent avec confiance et admiration.

On ne manquera pas de me taxer d'exagération, car la révolution française est oubliée, et les causes qui l'ont amenée sont méconnues; mais pour nous renfermer dans le sujet qui nous occupe, qu'on revoie tous les décrets et tous les réglemens sur l'éducation, depuis les droits de l'homme jusqu'à l'université et aux lycées de Buonaparte, et que l'on me dise s'ils ont été dictés par la lumière véritable ou par les lumières nouvelles; ou, si on le préfère, qu'on juge d'après les effets.

Cependant une difficulté arrête ces plans astucieux : l'influence du clergé peut contrebalancer l'impression que reçoivent les classes malheureuses de celles qui sont au-dessus d'elles. Le défaut de moyens pécuniaires empêche de porter au pauvre cette lumière qui doit luire pour tous. On se souvient bien de l'assistance efficace qu'on avait obtenue pour mûrir la révolution française, de la profusion de livres et d'écrits répandus gratuitement et lus par des émissaires jusque dans les chaumières; mais ces impressions et ces apôtres à gages exigent des sacrifices qu'on ne peut continuer à offrir toujours.

Heureusement pour les lumières, une découverte économique vient à leur secours. Sans presqu'aucune dépense, dit-on, des enfans vont instruire tous les âges, si l'on veut. Aussi, malgré les intérêts si grands qui agitent l'Europe, l'enseignement mutuel est mis en première ligne de ce que l'on entreprend de plus important. Me dira-t-on que ses partisans ont de bonnes intentions? Loin de moi de leur croire à tous des desseins pervers; je suis même charmé de reconnaître ici que plusieurs n'ont que le bien public en vue. Tout mon désir est de leur dessiller les yeux. Je pourrais les supposer de bonne foi tous, mais non les libéraux ni les philosophes. Ils accueillent, ils prônent, ils propagent cette méthode avec une chaleur sans égale. Il suffirait pour moi de le savoir pour la juger. Ils le font : ils ont leurs raisons. Ils ne se trompent pas eux! Ce qui provoque tant leur admiration est flétri à mes yeux et m'est suspect. En France, on a tant écrit pour et contre ce système que l'opinion est formée; les journaux consacrés aux libéraux et aux indépendans ne cachent guères leurs projets et leurs espérances. Un d'eux, en rapportant l'installation d'une école Lancastérienne faite solennellement par un préfet, se réjouissait naguères et s'écriait : « Les nobles et les prêtres ont beau faire, « la féodalité et le fanatisme ont beau s'agiter, le « peuple sera éclairé; le triomphe des lumières est « assuré......, le joug des nobles et des prêtres est « brisé, etc., etc. »

Pourrait-on croire en effet que des libéraux ou des philosophes s'appitoyassent sur les besoins des malheureux au point de se donner pour cette fin unique tous les mouvemens et toutes les peines qu'ils se donnent.? En quel moment de leur existence politique ou de leur vie privée pourrait-on trouver un exemple de cette grande sensibilité, de cette charité active? Encore si leur zèle pour l'instruction du peuple n'était accompagné d'aucune autre manœuvre, on pourrait croire qu'il est de bonne foi; mais quand on examine les livres élémentaires qu'ils ont faits tout exprès, quand on voit les mêmes hommes et les mêmes associations prêcher avec le même enthousiasme les nouveaux principes de religion ou d'irréligion; car s'est ainsi que j'appelle l'indifférence pour toutes les religions; quand on les voit faire des dépenses si considérables pour mettre *leurs* bibles dans

4

les mains de *tous;* quand on fait l'énumération de la quantité de pamphlets, d'écrits irréligieux et souvent corrupteurs sortis de leur plume; quand on lit leurs journaux, auxquels on force quelquefois les maires de village de s'abonner; on ne saurait se défendre de sentir que ces projets d'instruction générale ne sont qu'un moyen d'ouvrir les yeux du peuple à leurs lumières. Il est très-remarquable que c'est depuis que cette universalité de la lecture et de l'écriture s'est plus répandue dans certains pays, comme en Allemagne, en Angleterre et en Hollande, que plus d'erreurs et de sectes diverses y pullulent chaque jour, et que la connaissance de la vraie religion s'y est plus affaiblie. Je ne suis pas le premier à l'observer; ma crainte, ou plutôt ma conviction, est que ces lumières ne s'y sont pas allumées par hasard, et que ce n'est pas sans desseins qu'on propage leurs flammes.

On m'objectera peut-être que dans quelques parties de ces contrées les peuples sont plus civilisés que dans d'autres où règne plus d'ignorance. En supposant que cette objection soit très-juste, je me contenterai d'y répondre pour le présent, que les générations actuelles n'ont pas appris ces sciences machinalement; mais par des hommes raisonnables qui leur donnèrent en même-temps quelques leçons de morale publique. Après avoir perdu les traces de la vérité, ils se glorifient, comme les Pharisiens, d'observer mieux les vertus extérieures. La bonne éducation soigne avant tout pour la vérité, *et ne néglige pas les sciences secondaires.* Hésiteriez-vous d'ailleurs entre ces sciences et la vérité, ou même entre cette civilisation et la vérité?

Si l'on reconnaît que le danger de la lecture est immense, en raison de la quantité prodigieuse de mauvais ouvrages, de l'attrait de ces mêmes ouvrages, de la séduction de ceux qui engagent à les lire et de la fougue de nos passions; on doit admettre aussi qu'il ne faut donner la clef de cette science qu'avec de sages précautions; et comme il est facile de prouver que les avantages qu'elle procure sont bien moindres qu'on ne les proclame, on sentira son enthousiasme pour cet enseignement général bien refroidi.

« L'instruction, dit-on, procurera aux malheureux
« le moyen de parvenir à un meilleur sort : dites
« qu'elle leur en donnera un inutile désir, qui fera
« leur tourment ; elle les dégoûtera de leur état,
« et c'est le seul fruit qu'en retirera le très-grand
« nombre. »

Il n'y a pas de sot, quelque stupide qu'il soit, qui osât venir nous dire doctoralement : Apprenez à lire et à écrire au peuple, et ne soyez plus inquiets qu'il n'y ait ni commerce ni manufactures ; toutes les sources de la prospérité couleront abondamment. Apprenez à lire aux mendians, et ils auront du pain et des vêtemens ; aux soldats, et ils deviendront au moins officiers ; à tous les compagnons maçons et charpentiers, aux simples artisans, et ils seront bientôt maîtres ; aux valets de ferme, et ils deviendront fermiers. Les libéraux et les philosophes savent aussi bien que nous que dans chaque état ou métier, comme dans la nation entière, ce n'est que le petit nombre qui peut s'élever ; que plusieurs de ces soldats ou de ces artisans savent lire et écrire, et n'en resteront pas moins soldats et artisans ; que tant de malheureux nés et élevés pour l'aisance frappent depuis des années à toutes les portes, sollicitant en vain de l'emploi ; qu'enfin pour chaque emploi civil ou militaire il y a grand nombre de concurrens. Ces hommes à grandes vues ne s'astreindraient pas non plus à des démarches si multipliées, ils n'écriraient pas tant, ils ne seraient pas si généreux, s'il ne s'agissait que de procurer au peuple le stérile avantage de mieux faire un compte, de tenir plus facilement des notes. Je le répète donc, ils agissent pour un autre but, et ce but est important. On n'apprend pas cette manœuvre nouvelle aux armées, on n'imprime pas ce mouvement universel aux nations pour un résultat médiocre.

Si l'on désire donner aux militaires qui en sont capables le moyen d'avancer, il suffirait d'avoir des écoles régimentaires, où l'on appellât les sous-officiers et ceux que l'on juge dignes de l'être un jour.

« Si quelque Catinat est caché dans nos rangs, soyons
« sûrs, comme le dit un officier expérimenté, M. de
« St-Marcellin, que son génie le décélera (1). »

Il serait donc raisonnable et vrai de dire qu'on
aurait lieu d'être satisfait, s'il y avait des écoles de
lecture et d'écriture en nombre proportionné à ceux
qui ont intérêt d'apprendre à lire et à écrire, et
qu'il suffirait d'y avancer chacun suivant les besoins
de son état. Les parens savent bien discerner ceux
de leurs enfans qui y ont de l'aptitude. Pour les
autres c'est souvent du temps perdu, pendant lequel
ils auraient pu travailler pour faire subsister la famille.

Qu'on juge donc les libéraux et les philosophes
par eux-mêmes, l'arbre par son fruit, parce qu'ils
avouent et par ce qu'ils font ; qu'on juge d'après
la vraie situation et les besoins du peuple ; et l'on
devra convenir que le but réel de cette instruction générale, et principalement de l'acharnement
avec lequel on propage l'enseignement mutuel, est
le progrès des lumières du siècle. Nous en trou-
verons encore d'autres preuves en avançant. Qu'on
ne s'étonne donc pas que les évêques d'Irlande
aient condamné cette méthode après l'avoir exa-
minée avec soin, et que le sentiment du clergé de
France soit conforme à cette décision. L'autorité de
ces évêques est grande, car ils doivent être meilleurs appréciateurs qu'on ne l'est encore sur le con-
tinent. Les journaux ont rapporté leur décision. Je
ferai connaître les vices particuliers et inhérens à
cette méthode.

(1) Voyez son article dans la 13.e livraison du *Conservateur*.
Cet ouvrage est une des entreprises les plus estimables et les plus
utiles qui se soient faites depuis long-temps. M. de Chateaubriant en
est le chef ; le cardinal de la Luzerne, le vicomte de Bonald, l'abbé
F. de la Mennais, M. de Castelbajac, le duc de Fitz-James, et en général les hommes les plus distingués par leurs talens s'empressent
d'y fournir des articles et se font un honneur de les signer. Le
nombre des souscripteurs est immense, quoiqu'il n'existe que depuis
trois mois.

*En s'abonnant à Paris on le reçoit à Bruxelles, franc de port et
par la poste, à raison de 14 francs par volume, composé de 13
livraisons.*

CHAPITRE II.

De la bonne éducation du peuple.

Personne ne compâtit plus que moi à la misère morale et physique du pauvre peuple. Une ignorance sauvage, une dépravation toujours croissante, jointes à des besoins pressans, voilà en raccourci le tableau que nous offrent presque toutes les villes, et déjà en partie les campagnes. Oh ! que la moderne philantropie aurait eu de grands droits à la reconnaissance et à la vénération de ce peuple et de la société entière, si elle avait réalisé le millième de ces promesses trompeuses ! Mais aussi de quelles malédictions ne sera-t-elle pas poursuivie le jour où sera tombé le voile dont elle se couvre ! Moderne philantropie, moderne philosophie, modernes lumières, siècle de ruines et de larmes, où est le bonheur que vous aviez promis ? Qu'y a-t-il de bon où vous n'avez porté ou cherché à porter la faulx et la hache ? Où peut-on suivre vos traces que l'on n'y trouve l'empreinte du mal ? Rien de pur n'émane de vos conseils. Vous avez renversé tout ce que les temps passés avaient édifié ; vous tenez le présent sous votre joug, et vous remontez aux sources de la vie pour corrompre l'avenir ! La religion pourrait rendre la vie aux squélettes que vous nous avez laissés, mais vous vous flattez d'effacer son nom de dessus la terre ; l'éducation pourrait réparer vos ravages, vous vous en emparez. Qu'y a-t-il de plus déplorable que de se voir enlever ses dernières ressources ? que de perdre tout espoir ? que de n'avoir pas d'avenir ?

Une éducation toute matérielle et toute propre à recevoir et à répandre les lumières du siècle doit assurer l'œuvre de la philosophie. Voilà son plan.

Notre croyance et notre sentiment nous disent que nous avons une âme immortelle ; notre raison nous fait connaître son excellence, et de combien le soin de son éternité doit l'emporter sur les besoins du corps ;

eh bien ! cette partie la plus importante de notre être sera négligée dans l'éducation. Le Tout-Puissant nous a imposé une loi ; de son accomplissement ou de sa transgression dépendent une éternité de bonheur ou de malheur : eh bien ! cette loi sera méprisée et mise en oubli. Je le répète, presque tout ce qui a été fait pour l'éducation de toutes les classes et dans toutes les branches d'instruction vient rendre témoignage de la justesse de mes accusations. Enfin l'éducation du peuple est remise à des enfans. Jamais coup plus perfide n'a été porté à sa religion et à sa morale; d'un trait on exclut de l'enseignement toute leçon de morale, toute conviction religieuse, et ce qui est le pis, tout moyen d'inspirer une vraie piété. L'enseignement littéral de la religion ne peut pas même être confié à cet âge léger et insouciant (1). Nos pères avaient senti l'importance de donner au peuple de fortes doctrines qui pussent frapper et nourrir son imagination, et de mettre la morale publique, les mœurs privées et la loi divine qui les règle, sous la sauve-garde d'une conviction inébranlable comme l'autorité imposante qui les enseigne. Toutes les institutions et l'éducation sur-tout avaient ce grand principe pour base, et le bon ordre et les félicités éternelles pour but. Aujourd'hui, la terre se couvre de forfaits nouveaux, et l'on ne songe pas à corriger les mœurs et l'on se rit de l'éternité. On abandonne le peuple à l'abrutissement où vingt-cinq années de révolution l'ont jeté ; la famille ne peut rien lui apprendre, elle ne sait rien ; et l'on écarte de l'éducation la science des sciences ! Les ministres de la religion, dit-on, sont chargés de la lui enseigner. Mais quand leur influence fut-elle moindre ? leur nombre moins proportionné aux besoins du peuple ? et leur zèle plus restreint ?

Il est commode de se décharger sur les curés de la partie la plus importante de l'enseignement; cette défaite est spécieuse; il ne faut pas la laisser subsister : 1.º Un grand nombre d'enfans n'assistent jamais à l'instruction de leur curé, comment les forcera-t-on

(1) Voyez pour la preuve le 3.e chapitre.

de s'y rendre ? 2.º Après leur première communion, il est très-rare que les enfans veuillent venir à l'instruction paroissiale. Ils ont bientôt oublié ce qu'ils ont su si légèrement, et de là l'irréligion. 3.º Plus on donne de moyens d'instruction au peuple, plus il se passe de celle des curés, ou le plus souvent il n'envoie ses enfans que dans l'espoir de quelqu'avantage. La lecture, l'écriture et le calcul, voilà dans l'éducation ce qui touche le plus un grand nombre de parens, mais la religion fort peu. 4.º Il est impossible que les curés instruisent seuls tous les enfans; je ne dis pas seulement dans les paroisses de dix mille âmes, comme il s'en trouve plusieurs, mais même dans les villages, où il est reconnu qu'ils n'y parviendraient pas sans le concours des parens, et souvent de quelques autres personnes. 5.º Combien de milliers de parens, dans les villes sur-tout, qui n'ont pas la plus petite teinture de religion ; et l'on dira que l'instituteur peut s'en remettre aux curés et aux parens ! Il serait plus sincère de dire que l'on ne tient aucun compte de la religion. 6.º Si cette charge si grande peut être portée par les curés seuls, d'où vient que l'ignorance est si générale et si profonde ? 7.º Ce n'est pas seulement par zèle pour la religion, *ce qui devrait être un motif suffisant*, c'est par devoir qu'en érigeant des écoles ; il faut s'occuper sur-tout de religion : d'abord parce que cela est ordonné par nos statuts synodaux (1); et ensuite parce que ceux qui se chargent d'enseigner une science par laquelle le débordement des vices peut entrer par flots dans ces jeunes cœurs, contractent envers eux l'obligation stricte d'élever une digue qui puisse les préserver. 8.º La plupart de ceux qui vont au catéchisme, ne le fréquentent qu'à l'âge de onze, de douze ou même de treize ans, quelques mois avant leur première communion. Pour combien d'entr'eux ne sera-ce pas trop tard qu'ils connaîtront la religion, lorsqu'ils se seront accoutumés à s'en passer; lorsqu'ils auront

(1) Ces ordonnances synodales datent d'une époque où il y avait des ordres enseignant, des prêtres et de la religion parmi le peuple incomparablement plus que de nos jours.

reçu déjà des idées contraires; lorsqu'ils auront contracté quelques vices ? Et alors la semence divine tombera sur ces âmes perverties, comme sur la voie publique ; au milieu des distractions d'un travail journalier ou du tumulte des passions, comme dans le champ plein de ronces et d'épines. Les enfans n'attacheront pas grande importance à ce qu'on ne leur aura pas appris de bonne heure, et ils jugeront que la religion n'était pas apparemment ce qui les intéressait le plus, puisqu'on leur en a parlé si tard et comme en passant.

Il faut donc que l'éducation s'occupe de religion plus que jamais ; il n'est donné qu'à elle de convaincre si profondément l'esprit et d'attacher si sincèrement le cœur aux préceptes qui doivent faire notre bonheur. Ni le point d'honneur, ni les habitudes nationales, ni la propre approbation ne les feront observer, si l'intérêt personnel demande qu'on les néglige. Combien la religion est donc utile, combien elle est nécessaire ! C'est encore elle qui trace les meilleures règles pour assurer les besoins et les avantages temporels et les intérêts de la société. Donner de bonnes mœurs à un enfant, c'est lui donner la meilleure garantie d'une forte constitution. Faites-lui aimer la tempérance, vous conserverez sa santé, et souvent vous préviendrez sa ruine et celle de sa famille : la religion lui fera haïr la fainéantise ; elle lui dira : tu es né pour travailler ; mais en même temps elle adoucira cette loi, en lui faisant voir qu'elle est commune à tous ; que si elle est inévitable et quelquefois pénible, il trouvera dans l'autre vie le maître de la vigne qui rendra à chacun son salaire. Il se consolera de sa condition dans cette courte vie, en apprenant qu'il lui sera d'autant plus facile d'arriver à une meilleure dans l'autre. La religion n'ordonne pas seulement d'aimer et de secourir ses parens et ses semblables, et de se conformer aux lois de la société, elle donne du charme à ces devoirs et y attache une récompense. Enfin que l'on observe les préceptes de sa charité sublime, et jamais civilisation ne pourra se comparer à la sienne.

Peut-on croire que ce soit une bonne éducation,

celle qui n'enseigne au peuple aucune morale? a-t-il
des mœurs si douces, des penchans si bien placés
qu'il ne faille pas le former?

Tâchons d'améliorer le sort de l'individu, autant
qu'il est en notre pouvoir, et n'oublions pas de prendre
des sûretés pour la société. Qu'elle est sa sollicitude la
plus grande relativement à la classe indigente? N'est-ce
pas de la convaincre de ses devoirs? de lui persuader
de se contenter de son sort? Mais par quels moyens
la persuader? quelle compensation de ses souffrances
lui promettre? sur quelle parole, sur quelle foi lui
garantir ces promesses, si ce n'est sur l'Evangile?
Qu'elle serait donc notre folie de choisir entre différens genres d'éducation, celui où la lecture et l'écriture seraient enseignées à une plus grande multitude,
et où on ne pourrait pas lui persuader ses devoirs?
mais quelle folie encore plus grande, si, entre ces
genres d'éducation, il y en avait par lesquels on pourrait apprendre l'un et l'autre!

Si vous n'indiquez les voies de la prospérité qu'après
avoir fait aimer la loi de Dieu, vous pourrez espérer
que le fils soutiendra par son travail son vieux père;
que les époux seront fidèles, qu'ils supporteront mu-
tuellement leurs défauts et le fardeau du ménage;
que les parens pourvoiront à l'éducation et à l'établissement de leurs enfans au lieu de dissiper leur
avoir dans la débauche; que les hommes s'occupant
d'une industrie honnête, ne chercheront ni à s'élever
par des moyens injustes, ni à nuire à d'autres, ni
à fomenter des troubles pour se créer une fortune.
Méconnaissez ces lois; faites que les passions impé-
rieuses d'une classe fougueuse et peu civilisée puissent,
sans être domptées, s'initier à la science du bien et
du mal; laisser boire, sans donner d'antitode, aux
sources empoisonnées de tant de productions infâmes;
ouvrez la carrière de l'avancement aux intrigans, aux
ambitieux, et à ceux que la soif de l'or dévore;
lancez-les sans bride ni frein, et bientôt le fracas des
chocs et des renversemens, et le cri des révolutions
vous avertiront de votre fatale imprudence. Je dé-
velopperais davantage cette terrible vérité, s'il n'était
notoire que la démoralisation et la révolution fran-

çaise ont été opérées principalement au moyen d'écrits corrupteurs. Je demanderai seulement si les libéraux et les philosophes ont été étrangers à toutes ces causes et à tous ces effets, s'ils ne connaissent pas cette influence de la religion, et ensuite quelle autre explication que la mienne on donnerait à leur ardeur pour l'enseignement mutuel.

S'il est impossible que les vérités morales et religieuses soient transmises et inculquées par des enfans, il faut encore convenir que le développement de l'intelligence ne peut recevoir d'autre ⋅ ⋅ rs de ces petits pédagogues que celle du peu c ⋅ ⋅ ience qu'ils confient machinalement à la mémoire.

Jusqu'ici on avait cru que le choix d'un maître était difficile ; qu'il devait savoir rendre raison de ce qu'il enseigne ; que connaissant la force de tous ses élèves, il devait avoir assez d'intelligence pour se mettre à la portée de tous, pour venir au secours de ceux qui ont la conception difficile et lente, afin de leur ouvrir l'esprit par des questions et des explications diversifiées et faites à propos, suivant leurs besoins ; que la méthode la plus expéditive est souvent par là même moins bonne, parce que des impressions trop promptement reçues s'effacent facilement. Ces vieilles idées avaient pour principe que les enfans retiennent bien mieux ce qu'ils ont compris que ce qu'ils n'ont appris que par cœur et machinalement, *et sur-tout que ce qu'ils ont compris peut les mener bien plus loin que ce qu'ils ne savent que par routine.* Les lumières du siècle indiquent d'autres routes ; mais de peur qu'on n'apperçoive d'où elles partent et où elles tendent, elles ne cherchent qu'à éblouir.

[S]uivons donc plus que jamais les routes battues, et pour mettre en sûreté l'intérêt le plus grand, usons des précautions qui ont été établies dans toute la catholicité jusqu'à nos jours. Puisque ces règles ne peuvent blesser les intérêts de personne, on ne nous reprochera pas d'exiger trop. N'adoptons ainsi aucun enseignement dont la base ne soit religieuse, et que le réglement de nos écoles astreigne les élèves à observer la religion. Établissons des précautions proportionnnées à la malice actuelle, pour que celui dont les mœurs ou l'orthodoxie ne seraient pas à l'abri de tout reproche, ne puisse jamais recevoir la conduite d'un troupeau si précieux; qu'il soit pieux, afin d'inspirer la piété à ses élèves; et qu'il n'en soit jamais nommé sans l'assentiment de l'évêque. Soyons inexorables sur le choix des livres mis à l'usage des écoles. Enfin et sur-tout qu'il soit admis, comme il le fut toujours, que l'autorité de l'évêque sur l'enseignement, dont il est revêtu de droit divin, puisse s'exercer dans toute sa plé... le pour surveiller, pour ordonner, pour prohiber... tout ce qui regarde la religion et les mœurs, et même pour interdire le maître. [P]

« Les croyances et la morale, dit l'abbé F. de la
« Mennais (1), sont du domaine de la religion ; le
« reste est du domaine individuel. Le droit du gou-
« vernement se borne à conseiller, à diriger, à offrir
« à tous sans contrainte les moyens d'instruction,
« à surveiller les établissemens libres, à les supprimer
« même, s'ils sont dangereux pour l'état, pour les
« bonnes mœurs, ou s'ils servent à propager des doc-
« trines funestes à la société. Tous les droits qu'il
« s'arroge de plus sont une usurpation de la puis-
« sance paternelle; j'ajoute et un envahissement des
« libertés morales, fondement de toutes les autres
« libertés.

« En se réservant l'empire des vérités essentielles,
« des vérités qui sont moins des connaissances que
« des lois, Dieu a livré les autres à notre raison pour
« exercer son activité et servir de pâture à cette vaine
« curiosité qui nous tourmente ». Mais l'enseignement et l'interprétation de ces vérités, il les a confiées aux apôtres, c'est-à-dire, à l'église, lorsqu'il leur a dit : *Je vous envoie comme mon père m'a envoyé. Toute puissance m'a été donnée dans le ciel et sur la terre; allez donc, instruisez toutes les nations.......* *Qui vous écoute, m'écoute, qui vous méprise, me méprise.* Donc quiconque ne veut pas reconnaître l'autorité divine des évêques sur l'enseignement de la

(1) Voyez la 13.e livraison, 1.er Volume *du Conservateur*, et aussi *du Droit du Gouvernement sur l'Education*, par le même auteur. Paris, 1817.

2.

religion et de la morale, autorité sur laquelle repose tout l'édifice de la catholicité, quiconque ose s'immiscer dans cet enseignement sans leur autorisation, usurpe l'autorité divine.

Il y a plus : personne ne peut ouvrir une école sans la permission de l'évêque. Deux raisons le prouvent ; l'évêque étant le gardien de la foi et de la morale, doit veiller à ce qu'un mauvais instituteur ne les mette pas en péril. Or, un tel instituteur fît-il l'aveu honteux de ne pas avoir le dessein d'enseigner la religion, on sait assez combien l'influence si grande d'un maître sur ses élèves, peut leur insinuer ses principes. Donc l'évêque a nécessairement le droit d'empêcher que quelqu'un ouvre une école publique avant qu'il se soit assuré que sa foi et sa morale sont pures. Et comme nous avons vu que tout maître d'école est tenu d'enseigner la religion, de ce chef seul l'autorisation de l'évêque est requise. Il faut opter : ou reconnaissez ce droit des évêques parmi les catholiques ; ou avouez que vous livrez la foi et la morale des élèves à toutes les chances. Il est également important que les catholiques se souviennent qu'il n'est pas permis d'envoyer ses enfans à une école dirigée par un hérétique.

Ouvrons moins d'écoles, mais n'en ouvrons que de bonnes, et formons des maîtres; ou plûtot prenons le chemin le plus court, le plus sûr et le plus commode. Appelons des maîtres tout formés, les frères des écoles chrétiennes ; ce sont les vrais instituteurs du peuple. Ils réunissent toutes les qualités que nous pouvons désirer. Les filles de Saint-Vincent de Paule, autrement dites sœurs de la Charité, peuvent leur être comparées pour l'éducation des filles ; elles se servent de la même méthode qu'eux, ou à-peu-près, et apprennent les ouvrages qui peuvent dans chaque localité le plus soulager la misère. Les services des sœurs s'étendent en outre à tous les genres de bonnes œuvres, aux hôpitaux, aux malades à domicile, aux prisonniers, à tous les malheureux; rien n'égale l'activité de leur industrieuse charité. Ces deux congrégations ont prouvé par une longue expérience qu'elles méritaient une confiance absolue. Elles ont trouvé grâce aux yeux même de Napoléon. C'est l'abrutissement du peuple, ce sont les regrets et les sollicitations instantes des malades et des malheureux qui ont arraché l'aveu que rien ne pouvait égaler pour l'éducation si pénible des dernières classes et le soulagement de toutes les misères, l'intégrité, le zèle, l'économie et l'aptitude de ces hommes vertueux et de ces vierges dévouées par choix. Aussi après avoir tant décrié les vœux, on s'est trouvé fort heureux qu'ils trouvassent encore des sujets inspirés par ces mêmes vocations qu'on s'était flatté de détruire.

Que l'on imagine ce qu'on voudra, on ne trouvera dans rien une garantie aussi forte, soit pour la pureté des principes, soit pour l'examen et le choix des sujets, soit pour la surveillance, soit pour la stabilité des principes et la transmission de l'esprit primitif, soit pour le zèle, soit pour l'exactitude, soit pour le désintéressement, soit pour les succès. Je ne dis pas que ces instituts ne puissent dégénérer, mais combien de fois d'autres institutions moins fortes ne se seront-elles pas écroulées avant celles-ci? Quel parallèle pourrait-on faire entre des hommes isolés de toute aide, de guide et de censeurs, jetés dans le monde, conduits par l'intérêt, souvent par l'ambition, dépendants parce qu'ils sont dans le besoin, libres de toute surveillance ou soumis à des surveillans qui n'offrent guères plus de garantie qu'eux; et ces autres hommes qu'un dévouement généreux et une charité ardente ont attirés, qu'une vocation éprouvée a consacrés, que des liens indissolubles retiennent, qui ont renoncé irrévocablement à l'ambition et à l'intérêt, ne voulant que le ciel pour récompense, que ni soins ni affections domestiques ne détournent de leurs fonctions, que peu de dangers de séduction peuvent atteindre, dont une règle inviolable et vouée prévient les écarts, dont chaque pas est surveillé, chaque doute éclairci, et dont la moindre faute serait connue et réparée. Pour combler la mesure des précautions possibles, n'oublions pas la surveillance des évêques et l'autorité du St.-Siège sur tout l'institut. Qu'une telle institution serait exaltée, si elle pouvait être l'œuvre de la philosophie!

Je n'ai pas eu besoin d'avertir que je ne parlais que d'écoles catholiques; mais je dois prouver qu'elles ne peuvent être destinées qu'à des catholiques. Je regarde l'amalgame d'écoliers de différentes religions comme une des plus fatales erreurs dans ce genre. Si la religion n'est rien dans l'enseignement, il est essentiellement mauvais. Si l'on y attache réellement du prix, il faut qu'on n'y parle que d'une seule ; car il serait absurde que le même maître enseignât, et *sur-tout qu'il prétendît persuader alternativement deux croyances contradictoires.* L'instruction dans une école ne peut se faire en particulier ; les écoliers qui entendront le pour et le contre passeront indubitablement de la défiance du maître à l'indifférence pour toute religion. Si on n'y enseigne qu'une religion, il faut alors que tous les parens consentent à y laisser instruire leurs enfans ; mais si le consentement n'est que fictif et arraché au désir de profiter de l'enseignement, les divisions entre les écoliers seront bientôt partagées par les parens, ou ils sont déjà arrivés à l'indifférence. Enfin, si l'on ne parvient pas à faire embrasser franchement la religion de l'école par tous les enfans, il naîtra parmi eux des disputes fréquentes qui ébranleront et effaceront même l'impression produite par le maître. Ces principes étaient bien reconnus et suivis en Hollande, mais on a malheureusement commencé à s'en écarter à Amsterdam, dans des écoles modernes qui ont porté ailleurs ces nouveaux principes avec leur nouvelle méthode.

Si l'on m'accorde la prééminence de l'âme sur le corps, on m'accorde la prééminence de la religion et de la morale sur les autres sciences, on m'accorde donc que toute bonne éducation doit régler sa progression et sa durée sur les progrès de l'enseignement religieux, et non sur ceux de l'enseignement scientifique.

Je suis obligé de réfuter bien des objections qui ne mériteraient aucune considération si le danger d'une objection ne devait se mesurer que d'après sa force réelle, et non aussi d'après la force de ceux à qui elle est faite. Combien de gens, par exemple, croient sérieusement qu'il est très-utile, comme le disent nos adversaires, de laisser subsister l'enseignement mutuel à côté de celui des frères, afin d'exciter l'émulation des deux côtés. Autant vaudrait envoyer le maçon et le mineur au même édifice et leur dire : travaillez.

En résumé : le premier but de l'éducation sera donc *de faire connaître et aimer la loi de Dieu, par où l'on formera l'intelligence et le sentiment. Le but secondaire sera d'ouvrir au pauvre les voies d'une honnête existence. On lui enseignera à lire, à écrire et à calculer suivant les besoins de l'état qu'il veut embrasser; et s'il se peut on lui fera apprendre quelqu'art ou métier. Mais qu'on ne l'oublie pas, c'est en développant l'intelligence et non machinalement qu'on enseignera ces choses ; c'est là l'essentiel.* C'est par des corporations religieuses qu'on peut le mieux parvenir à ces résultats, pour les deux sexes, et à défaut de corporations par des personnes bien choisies , et en prenant toutes les précautions indiquées (1) , mais jamais par l'enseignement mutuel.

CHAPITRE III.

Détails sur les systémes actuels d'éducation du peuple.

Des frères des écoles chrétiennes.

Parmi les auteurs que je sais avoir écrit contre l'enseignement mutuel, et dont l'autorité est de plus de poids, je citerai S. Em. le cardinal de la Luzerne, dont la réputation est faite depuis très-long-temps, et l'abbé F. de la Mennais qui en a acquis une grande par son éloquent et profond essai sur l'indifférence en matière de religion, dont quatre éditions rapidement épuisées attestent le mérite. Ces écrivains et une foule d'autres ne se bornent pas à censurer cette déplorable invention et à nous alarmer, ils nous montrent aussi le pilote qui peut sauver du naufrage la morale et la foi du peuple, qu'une longue tourmente à presque fait submerger. Ce pilote , c'est l'institut des frères des écoles chrétiennes. Jamais rien n'a été imaginé pour l'éducation du peuple qui puisse s'y comparer sous les rapports de la religion, de la morale , du caractère, des élémens des sciences , et de tout ce qui peut le plus intéresser la société. Sentimens d'honneur, vertu, attachement aux devoirs,

(1) Voyez page 12 , de P. à P.

patriotisme, aucun des principes qui peuvent former des citoyens soumis au bon ordre, et toujours disposés à le défendre, ne sont négligés dans ces écoles. Cette institution est admirable dans sa conception, unique dans ses résultats, préférable à toutes celles qu'on connaît par la garantie qu'elle offre. Après qu'une longue expérience eut appris à son vertueux fondateur tout ce qui pouvait être amélioré, il porta enfin la loi que son institut ne pouvait plus subir de changement. Chaque fois qu'une loi pareille ne sera portée qu'après de semblables précautions, elle sera bonne. Les ordres les plus célèbres, les meilleures institutions n'ont traversé les siècles que par le même moyen. Pour traverser celui-ci sain et sauf, il faudrait redoubler d'exactitude à s'y conformer. Je suis donc loin de me rendre à l'avis de M. Charles Lecocq qui, dans un ouvrage récemment publié, croit voir un moyen de perfectionnement dans la règle qui admettrait les changemens. La chance à courir est trop grande; le passé et le présent me détournent de la tenter.

L'impartialité de mon rôle ne me fera donc pas rechercher minutieusement dans les plus petits détails, s'il est possible d'en critiquer quelque partie. Je crois au reste que tout bien considéré même en détail, mais sur-tout dans l'ensemble, il serait difficile d'y faire une amélioration importante. Veut-on une institution rigoureusement parfaite? On ne l'aura jamais. En veut-on une excellente? Elle est trouvée. M. de la Mennais avec sa supériorité ordinaire, en a fait ressortir tout le mérite dans un article du *Conservateur*, 4.ᵉ livraison, intulé : *de l'éducation du peuple*, où il prouve en même-temps le danger de la méthode Lancastérienne, sans nommer néanmoins ni l'une ni l'autre.

L'abbé de la Salle institua cette congrégation il y a plus de cent ans. Il prit toutes les précautions pour qu'elle ne se consacrât jamais qu'au besoin du peuple qu'il avait en vue, et qu'elle ne cherchât pas à s'élever au-dessus de la destination modeste, quoique sublime, d'institutrice des enfans des malheureux. Il défendit d'y recevoir des prêtres, et ses frères ne peuvent ni prêcher ni enseigner le latin; mais il voulut qu'ils fussent liés par des vœux qui ne sont reçus qu'après une longue épreuve, bien persuadé que c'était l'unique moyen de perpétuer le plus long-temps possible l'esprit primitif et d'empêcher de faux frères de s'introduire dans son institut. Ils enseignent la religion, la lecture, l'écriture, la grammaire, l'orthographe et le calcul. Ils entremêlent ces exercices de chants agréables qu'ils apprennent aux enfans. Ce délassement est en même-temps une leçon douce qui tiendra dans le cœur la place des impressions obscènes qui trop souvent le flétrissent.

Leur méthode est si extraordinaire qu'on la croirait impraticable, si l'expérience n'avait prouvé qu'elle est même excellente : ils enseignent sans parler, c'est-à-dire, qu'ils ne parlent presque pas. Mais qu'on ne croie pas qu'ils laissent échapper une occasion d'exalter la vertu et les belles actions, de rendre le vice odieux et de corriger un défaut. Leurs paroles font d'autant plus d'impression, qu'ils ne les prodiguent pas vainement. Ce silence du maître établit si bien celui des écoliers, qu'on n'entend pas le plus léger bruit. Leur méthode forme beaucoup le jugement en faisant sentir les plus petites nuances.

Pour donner du crédit à l'enseignement mutuel, on n'a pas craint d'imprimer qu'il est en usage chez les frères. Quiconque connaît les deux méthodes dira avec moi que rien n'est moins exact. Ce qui est vrai, c'est qu'on a pris chez les frères l'idée de la méthode Lancastérienne, mais au lieu de faire aussi bien on a tout gâté et dénaturé. Ainsi les guêpes imitent de loin les travaux des abeilles; mais au lieu de travailler pour l'utilité de l'homme, elles ne s'occupent qu'à élever une race qui devient son fléau.

Venons au fait : dans les écoles chrétiennes tout émane du frère directement, enseignement, surveillance, encouragemens, punitions : il est bien vrai que les enfans s'instruisent en écoutant ce qu'un seul dit à haute voix, mais c'est le frère qui l'avertit s'il manque, et qui désigne par un signal un autre enfant, si le premier ne sait pas trouver sa faute; ou enfin il le corrige lui-même. C'est donc lui qui enseigne. Après qu'un élève a lu trois lignes, il en désigne un autre. Il nomme un des enfans inspecteur; mais seulement pour le mo-

ment où il devrait s'absenter de la classe; ce rôle se
borne à tout remarquer sans dire un seul mot, quoiqu'il arrive. Deux autres élèves à l'insçu du premier
sont chargés de le surveiller , et à moins de fortes raisons tous trois doivent changer tous les mois. Il est
intéressant de voir quelles précautions ont été prises,
pour que ces petites charges ne nuisent pas à leur caractère. On dit enfin qu'*avant la classe* les enfans *répètent* leurs leçons à ceux d'entr'eux qui ont été désignés
pour cela. Serait-ce là ce qu'on appellerait enseignement mutuel !

Dans les écoles Lancastériennes ce sont des enfans
qui sont maîtres, professeurs, instituteurs, surveillans,
qui récompensent et qui punissent, au moins les petites fautes. Le maître n'enseigne pas , il maintient le
bon ordre, ou plutôt il n'est là qu'en réserve pour
venir au secours de ceux de ses lieutenans qui ne sauraient pas se faire respecter.

Les frères ne prennent pas plus d'enfans qu'ils ne
peuvent en instruire et *en former par eux-mêmes* ; l'esprit du nouveau système étant de *tout* faire par des
enfans, le nombre n'en est limité que par la dimension
du local.

Je défie de trouver dans toute la méthode des frères
plus de motifs de les accuser d'employer l'enseignement mutuel.

Ils ont la réputation d'exceller à faire le catéchisme;
ils font la demande et la réponse ; après l'avoir fait
répéter suivant leur procédure ordinaire , ils dévelop-
pent et expliquent cette réponse en faisant d'autres
questions , avec un art particulier auquel ils sont
formés.

Je n'entre pas dans de plus grands détails, l'extrême
simplicité de cette méthode peut en dispenser, et d'ailleurs il suffit de dire que les frères réussissent parfai-
tement dans toutes les parties qu'ils embrassent, et
que l'on reconnaît en France que leurs élèves l'em-
portent dans les concours sur ceux de l'enseignement
mutuel, et que ceux-ci quittent leurs écoles pour venir
chez les frères. Je citerai à cet égard Paris et Fontainebleau. Aussi n'y a-t-il guères de villes en France qui
n'en sollicitent; l'enseignement mutuel y décroit tous

les jours, malgré l'appui et l'aide d'une grande partie des gens en place, et les difficultés qu'ils suscitent aux frères en beaucoup d'endroits. Mais l'opinion qui est la reine du monde, est pour ces excellens instituteurs. L'austérité et la sainteté de leur vie, leur gravité, leur simplicité, leur pauvreté, leur désintéressement, leur éloignement du monde, leur douceur, leur zèle et leurs succès, en commandant le respect et la reconnaissance, ont formé cette opinion. Et tel est l'avantage de montrer au peuple la vertu en action et de rapprocher de lui la douce influence de la religion, qu'on a vu souvent les hommes les plus ennemis de tous principes religieux abjurer leur aversion et rendre hommage au mérite et à la grande utilité de ces instituteurs. A peine les peuples les connaissent-ils qu'ils leur donnent leur confiance et leurs enfans. Cette voix du peuple pour une institution qui vient contrarier toutes ses passions est la preuve d'un mérite bien grand. Le discrédit de la méthode lancastérienne en France contribue certainement beaucoup à faire faire maintenant tant d'efforts pour l'introduire dans d'autres pays où l'expérience n'a pas encore pu en désabuser, et où il n'a pas la concurrence des frères à craindre. Les Anglais eux-mêmes s'étonnent qu'ayant une institution si bonne, on ait voulu admettre la leur en France. Ils regrettent d'en être privés, mais il n'y a que la religion catholique qui puisse la donner.

Ces frères réussissent singulièrement à s'attacher les enfans ; ce n'est point par la sévérité qu'ils s'attirent leur respect, leur mérite le commande de lui-même. Aussi ne craignent-ils pas *de les laisser s'approcher d'eux*, et c'est en les traitant comme des amis qu'ils en obtiennent tant. Des médailles, des places distinguées excitent l'émulation, des punitions fort douces corrigent les fautes, mais c'est bien plus en faisant aimer les devoirs et en rendant les vice odieux, qu'ils excitent et qu'ils corrigent. Leur industrieuse et active charité étend ses soins jusques hors des classes et employe à cette fin différens moyens ; aussi l'on trouve leurs élèves tout changés en peu de semaines ; les parens en sont émus et bientôt ils se corrigent eux-mêmes. Je prends ici Fontainebleau et Dinant à témoin, parce que ces villes étaient connues pour avoir une populace indisciplinée ; au bout d'un an on ne pouvait assez admirer combien la conduite des enfans et les mœurs du peuple s'étaient améliorées.

Leurs établissemens sont inspectés souvent ; le général, qui n'est qu'un simple frère, fait souvent des visites lui-même : au reste la surveillance ne cesse jamais. Aucun établissement ne peut se former de moins de trois, dont l'un est le supérieur ; le deuxième enseigne comme lui, et le troisième apprête leurs mets peu délicats, soigne pour le temporel, et aide à dégrossir les commençans. Si un établissement d'un plus grand nombre se forme, un seul suffit pour le temporel. Les classes sont disposées de manière que de sa chaire le supérieur voit le second frère dans la sienne et réciproquement. Il enseigne jusqu'à soixante-cinq enfans ; ce sont les plus avancés qui tous écrivent. Le second frère en enseigne de quatre-vingt à quatre-vingt-cinq ; ce sont les moins avancés dont une partie commence à écrire. Ils gardent les enfans trois heures le matin et autant après midi : ils emploient les vacances en études préparatoires et à se perfectionner dans l'esprit de l'institut.

Qu'on m'offre ailleurs les mêmes garanties et je consens à discuter qui l'emportera pour le reste ; mais si des mercenaires, si des hommes isolés se présentent, je les récuse.

Sous le rapport de l'économie, c'est encore aux frères qu'il faut recourir. Voici ce qu'on doit leur assurer : la demeure, un local préparé pour l'école, et 500 ou 600 francs par frère, suivant la cherté des lieux. Ils se chargent de tout le reste, non-seulement de tout ce qui les regarde personnellement, mais du papier, des plumes, de l'encre et du chauffage de l'école. Il leur est interdit de rien recevoir des enfans. Ils sont établis à Dinant depuis plusieurs mois, et à Namur depuis le mois d'octobre 1818, par le zèle de monseigneur l'évêque. Les établissemens des filles de Saint-Vincent de Paule se font à-peu-près de la même manière ; mais on ne doit leur assurer que 300 francs.

Espérons que ces deux instituts se répandront sans entraves dans tout le royaume. Il ne serait pas ami du souverain ni de la patrie, celui qui leur ferait des difficultés ; de quel prétexte colorerait-il son opposition ? à quoi peuvent-ils nuire ? à qui peuvent-ils porter ombrage ? A personne qu'aux ennemis de l'autel et du trône. Le gouvernement le mieux intentionné peut s'en rapporter à eux avec la plus grande confiance ; quelque chose qu'il fasse, il n'aura jamais pris autant de précautions et de soins qu'ils en prennent eux-mêmes pour choisir, former et surveiller leurs sujets. Le roi de France donna, en 1814, un témoignage éclatant de son approbation aux frères, en leur disant dans une audience publique : « Je sais comment vous élevez la jeunesse ; « continuez et soyez assurés de ma protection. Continuez à faire de bons chrétiens de ces enfans confiés « à vos soins charitables, et ce sera autant de fidèles « sujets que vous m'aurez donnés ». Il fit plus ; il ordonna en février 1816 « que toute association religieuse « et charitable, telles que celle *des écoles chrétiennes*, « pourrait être admise à fournir des maîtres aux com- « munes. »

Du Système Lancastérien, autrement dit Enseignement mutuel.

Ici la scène change. Si les philosophes sont effarouchés d'un aspect trop chrétien, qu'ils ne croient pas du moins nous rassurer en nous présentant leurs novices-soldats, la tactique et l'organisation des armées. Le bruit de la guerre retentit encore à nos oreilles ; tout ce qui en retrace l'image blesse nos yeux, et ce qui en perpétue l'esprit nous enlève cette arrière confiance dans les temps futurs, dernière ancre de notre espérance. Ce n'est pas qu'au premier coup-d'œil on ne trouve ingénieuse cette imitation si parfaite de la discipline militaire par de petits guerriers de sept à douze ans ; on aurait cru difficilement qu'on pût assez bien discipliner ce monde-là pour que cinq cents, ou mille de ces petits hommes, ne donnassent aucune peine à leur général. Le fait est cependant constant, et c'est une grande preuve du progrès des lumières ; cinq cents ou mille enfans se réunissent dans la même salle ; un seul homme raisonnable s'y trouve, il s'asseoit dans son fauteuil ; il n'instruit pas, il ne commande pas ; il s'en repose entièrement sur ses adjudans, officiers et sous-officiers, quoiqu'ils soient tous des enfans comme les autres. Il se vante même qu'ils feront aussi bien en son absence qu'en sa présence. Effectivement les commandemens du lieutenant-général sont exécutés avec une précision et un ensemble étonnans. Soit qu'il faille marcher, soit qu'il faille exécuter des exercices en différens temps, un seul pas, un seul mouvement se voit et s'entend. Il est vrai que les marches et les exercices se répètent plusieurs fois le matin et le soir, et comme c'est assurément la partie la plus attrayante de toute l'instruction, les progrès y sont rapides. Je pense toutefois que s'il est indifférent pour l'instruction que le général soit ou ne soit pas dans la caserne il est prudent qu'il ne s'en éloigne pas trop, car il ne faudrait qu'un moment d'étourderie ou de gaîté pour mettre tout le corps d'officiers en désarroi. Je ne nie pas que ces officiers, à la voix fière et à la tête haute, n'aient l'assurance de petits Césars; mais si l'exercice du pouvoir a développé en eux cette heureuse audace, ils ne manquent pas d'émules dans les rangs qui ont les mêmes vertus martiales; aussi a-t-on vu des exemples fréquens, de désordre et d'insubordination.

Voici une petite partie des commandemens : pour les comprendre, il faut savoir que pour la lecture et le calcul, les enfans sortent des bancs tous à-la-fois par pelotons de huit. Chaque peloton, son sergent, appelé moniteur, en tête, va se ranger vis-à-vis d'un tableau suspendu au mur. *Attention : hors de place : front : droite ou gauche : sur un seul rang : sur deux rangs : un pas en avant : un pas en arrière : marchez :* etc., etc. Voici ceux pour l'écriture, ou en partie : *Attention : prenez ardoises : montrez ardoises : ardoises à la main droite : ardoises à la main gauche : posez ardoises : montrez crayons : effacez :* etc.

Plût à Dieu que cette imitation du langage, des manœuvres et des habitudes militaires ne fût que ridicule; mais on sait combien elle plait aux enfans, combien les premières impressions de l'enfance se retracent et se reproduisent dans l'homme, et combien cette féerie de l'ascendant et du pouvoir militaire éblouit les yeux. J'avoue qu'on pourrait se passer d'une partie de ces formes militaires dans les écoles peu nombreuses, comme celles que je vis en Novembre 1818 à Paris, où il n'y avait pas soixante enfans ; mais pourquoi alors le maître n'enseigne-t-il pas par lui-même ? peut-on douter que les enfans n'y gagnent beaucoup ? Si la classe est nombreuse, il faut redevenir militaire pour tenir l'ordre dans ces masses et pour les faire mouvoir.

On a tant dit que le mode d'enseigner est indifférent, qu'il faut prouver le contraire. J'ai déjà démontré dans le deuxième chapitre le vice de l'enseignement mutuel sous des rapports généraux ; il me reste à confirmer mon opinion par quelques détails et à faire connaître d'autres inconvéniens non moins graves.

Si on ne se propose pour but que d'enseigner la lecture, l'écriture et le calcul au plus grand nombre possible, je reconnais que l'enseignement mutuel est plus propre à remplir ce but que tout autre ; mais sous le rapport des progrès et de la science, je lui contesterais cet avantage ; et sous celui de l'intelligence, c'est le dernier de tous.

Ces petits pédagogues appelés moniteurs, étant incapables de faire saisir les choses un peu difficiles par une comparaison, un rapprochement ou une combinaison, rien ne serait plus ridicule que les développemens ou les explications qu'ils tenteraient de faire : par conséquent les facultés intellectuelles de l'évève restent en frîche. Ils apprennent aux yeux à lire, à la main à écrire, à la mémoire à calculer ; mais à l'esprit, à l'âme, au cœur, rien. Ce sont de petites machines parlantes. Quel avantage ne tire-t-on pas dans l'éducation de ces courtes leçons de morale, dont l'occasion se retrouve si souvent ! Eh bien, un des dangers de l'enseignement mutuel est que la présomption des moniteurs les porte à en faire. J'ai vu des exemples des sottises et des erreurs qu'ils débitaient avec emphase. Qu'un enfant fasse une faute, le moniteur ne connaît que l'inflexibilité ou la faiblesse. Rarement ses ordres donnés à ses pairs sont exécutés sans des altercations assez longues : il punit ou dissimule des défauts, il ne les corrige pas. L'expérience et l'intelligence d'un homme fait et instruit savent seules tirer parti d'une faute pour corriger un défaut, exciter la honte, le repentir, le désir de faire mieux. Nul intérêt, nulle amitié ne lient les enfans et le moniteur; le stricte devoir, la routine, la nécessité d'obéir, une émulation d'égoisme et d'amour-propre, voilà tout : rien pour le sentiment, aucune chaleur, aucune action dirigée par la conviction, par l'amour du bien et du devoir. Je confierais à de tels maîtres de petits chiens, des singes ou des perroquets; mais des êtres doués d'une âme appelée à de si hautes destinées! susceptible de tant de perfection! exposée à tant de dépravation! Non, jamais. La paix des familles, la sûreté de la propriété et de la vie des citoyens, le respect pour les fortunes, la tranquillité et le bon ordre de l'état dépendent grandement du bon ou du mauvais esprit de la multitude, que la première éducation contribue si puissamment à former. Comment pourrait-on adopter une éducation toute matérielle? quels hommes nous donnera-t-elle? Leur cœur n'aura été formé, ni par les habitudes domestiques, celles des classes malheureuses le froissent; ni par cette éducation, elle le glace; et l'influence si efficace de la religion, écartée tous les jours davantage des institutions et bannie de ces écoles, ne vivifiera pas leurs sentimens et n'éclairera pas leur conscience. Ils auront appris de bonne heure à se résigner à l'obéissance aveugle du soldat, à être des machines passives et sans raisonnement, comme lui. La conscription viendra bientôt les enlever, elle les trouvera tous formés; encore est-ce beaucoup si le flambeau, dont on leur aura fait le dangereux présent, n'a point allumé toutes leurs passions. Lorsqu'un siècle embrasse avec ardeur l'esprit militaire, si les gouvernemens étaient assez imprudens pour fomenter cette effervescence au lieu de la comprimer, les pères devraient au moins en garantir leurs enfans. Malheur à toute nation, si on transforme ses citoyens en soldats. Malheur à tout souverain dont le trône ne serait soutenu que par le dévouement fanatique d'une milice dépravée. Elle pourra lui obéir aussi long-temps qu'il flattera ses passions; mais quand le cœur est d'airain et la conscience abrutie, le fer dont le bras est armé se tourne aussi facilement contre le souverain que contre ses ennemis.

Si le caractère des élèves souffre beaucoup de cette

méthode, celui des moniteurs se gâte encore davantage, car ils sont assujettis aux mêmes inconvéniens et à d'autres en sus. Il est impossible en effet qu'ils ne soient bientôt pleins de présomption et de vanité; que l'habitude de dominer et de commander ne les rende ambitieux et ne leur fasse supporter bien difficilement par la suite tout rôle de subalterne. Enseigner, corriger, reprendre, surveiller, punir, tout repose sur eux; le maître n'agit que dans les occasions importantes. Comment y suffirait-il? Ces moniteurs n'inspirent pas de respect, les voies de la persuasion et de l'insinuation leur sont inconnues; la rigidité, l'importance et les menaces tiennent lieu de tout; aussi leur caractère en prend-il quelque chose de dur, de despotique et d'arbitraire. On a remarqué qu'en général l'humeur des maîtres d'école se ressent de la profession qu'ils exercent si péniblement : combien le caractère d'un enfant ne s'aigrira-t-il pas, de cet enfant qui n'a pas la raison d'un maître et beaucoup plus d'occasions de dépit et d'impatience, soit dans l'école soit dehors, où les élèves cherchent bientôt à s'en venger. Voudriez-vous que votre fils fût moniteur ? je ne le pense pas. C'est cependant un huitième des enfans qui sous le rapport du caractère sont soumis à tous ces derniers inconvéniens, car il y a plus d'un moniteur sur huit enfans. Remarquez encore que le maître doit instruire ces moniteurs à part, ou qu'ils restent toujours au même point. C'est une besogne considérable.

Les enfans qui ont beaucoup de facilité peuvent faire des progrès, mais les autres, et c'est le grand nombre, se traînent misérablement à leur suite. A l'écriture et à l'arithmétique, par exemple, le commandement : *effacez :* arrive presque toujours avant que ceux-ci aient fini, encore moins ont-ils pu être corrigés. Pour la grammaire, il faut se borner à quelques règles positives; il serait curieux d'entendre expliquer la grammaire par des enfans.

Quant à la religion, on est réduit à désirer qu'on ne s'y en occupe pas; les moniteurs, loin de pouvoir la faire comprendre et aimer, ne peuvent pas même l'enseigner littéralement; il serait trop à craindre que par le changement, l'omission ou la transposition de quelque mot, ils n'enseignassent une erreur. L'expérience sur quinze cents enfans de l'école dominicale de Bruxelles peut servir ici de preuve. Ces enfans partagés en deux locaux, suivant les sexes, ne sont instruits que le Dimanche. Pour qu'ils fassent plus de progrès, ils sont divisés par classes de vingt, et dans chaque classe il y a deux maîtres ou maîtresses qui chargent deux enfans de leur classe d'apprendre ou de faire répéter aux autres ce qu'on appelle les prières, avec défense d'enseigner le cathécisme. Or, quoique ces deux maîtres n'aient que ces deux aides à former, quoique ces aides s'en tiennent toujours à ces mêmes prières, on a expérimenté que les maîtres ne peuvent pas s'en reposer entièrement sur eux, qu'ils doivent être très-attentifs à s'assurer si l'enseignement est correct, et qu'on a eu beaucoup de peine à déraciner des incorrections auxquelles on s'était habitué. La cause en est l'inconsidération de cet âge, le peu d'attrait pour l'enseignement de la religion et le très-peu d'aptitude de ces enfans, étrangers la plupart à toute éducation et à toute culture antérieures. Mais les enfans d'une école Lancastérienne ne seront pas autres que ceux-ci, et au lieu d'être enseignés par des hommes uniquement guidés par le zèle de la religion, l'esprit du siècle ne doit que trop nous faire craindre que l'enseignement religieux y serait soigné moins que tout autre. D'ailleurs, au lieu d'un maître sur dix enfans, l'enseignement mutuel admet qu'un seul se charge de cinq cents, et même de mille : et au lieu de n'avoir à s'assurer que de l'exactitude de quelques prières, ce serait en sus l'enseignement littéral de tout le catéchisme qu'il devrait surveiller. Je l'en défie. Si la classe était assez peu nombreuse pour le lui permettre, qu'il enseigne tout par lui-même, et qu'un enseignement raisonnable remplace cette misérable mécanique.

J'attaque le système lancastérien non tel qu'il est arrivé des pays hérétiques avec des maîtres hérétiques, des livres hérétiques et philosophiques, l'Évangile *selon Mathieu, Marc, Luc et Jean,* les proverbes *du bon homme Richard,* etc., etc.; j'attaque le loup revêtu de la peau de brebis; j'attaque le système tel que les libéraux ont été forcés de le masquer pour appaiser l'indignation des catholiques. Or, pour avoir pris des maîtres nés catholiques, et pour avoir revêtu les formes extérieures du catholicisme, il n'en est pas moins funeste. Cette tactique est même plus habile. On a invité des prêtres à venir y catéchiser; on savait bien qu'il n'y en avait pas assez (1), et qu'on s'en débarrasserait facilement quand la méthode serait bien établie. On a suspendu aux murailles des sentences de la Bible; on savait bien qu'elles ne passeraient pas dans le cœur des enfans, pas plus que par l'épélation ou par des exemples d'écriture.

Quand les Grecs désespérèrent d'emporter Troyes de vive force, ils firent une paix simulée et affectèrent une grande dévotion à la déesse de la guerre et de la sagesse; ils persuadèrent aux crédules Troyens d'abattre les murs qu'ils n'avaient su renverser, pour laisser entrer leur perfide offrande, le fameux cheval de bois. Les Troyens furent sourds aux avis d'un de leurs concitoyens qui ne cessait de leur représenter leur imprudence et la perfidie des Grecs. Je crains les Grecs, disait-il, même lorsqu'ils nous font des présens. Le cheval fut introduit et la ville prise.

Le clergé de France n'est pas tombé dans les piéges des libéraux; il refuse d'aller cathéchiser dans ces écoles et par de très-bons motifs. Cette démarche aurait donné un grand appui à cette nouveauté, et par le bien qu'y auraient fait ces catéchismes, et par l'approbation que cette coopération du clergé aurait semblé manifester. Quand le clergé serait parvenu par son zèle à y enseigner la religion, les autres vices radicaux n'en seraient pas moins demeurés. Or, il ne s'agit pas ici de cent ni de mille écoles; il s'agit d'un vaste projet qui embrasse chaque ville, et s'il se peut les villages d'un bout de l'Europe à l'autre, et même hors de l'Europe. Chaque ville en aurait plusieurs; il n'y en aurait plus d'autres, s'il était possible. Si cependant l'école est nombreuse un seul prêtre y fera peu de fruit. Où sont les prêtres qui se répandront dans toutes ces écoles? Ils ne suffisent pas au ministère dont ils sont chargés :

(1) Des ordres ont été donnés dans certains départemens de la France, où un très-grand nombre de villages sont sans pasteur, de préparer un local pour une école lancastérienne dans chaque commune.

Il manque déjà beaucoup de curés en Belgique.

et leur nombre diminue tous les jours. Croit-on
qu'on fermât une école quand elle ne pourrait plus se
procurer d'aumônier? Il est donc évident que le clergé
ne pouvant dès-à-présent, et encore moins par la suite,
donner son secours à toutes ces écoles, il agit très-sa-
gement de ne pas prêter son aide à l'établissement d'un
système où sans sa coopération l'enseignement religieux est nul. Je suis même persuadé que les prêtres
ne seraient pas admis dans toutes les écoles. Combien
de villages et de villes en France ou la grande majorité
ne pratique plus du tout la religion? Les prêtres seraient
rejettés avec dédain des écoles Lancastériennes qu'on
y établirait. Le gouvernement, qui est le curateur des
peuples, encore plus pour prévenir et arrêter le mal
que pour le punir, devrait donc ôter à des hommes
égarés l'occasion et le moyen de faire élever leurs enfans sans religion. Qu'il éloigne des peuples les guides
infidèles qui les fourvoient, qu'il ne leur en donne que
de sûrs, et ils les rameneront. J'en atteste l'expérience
des écoles chrétiennes. J'ai donc prouvé que le secours
du clergé serait accidentel, précaire et local. Le résultat
le plus certain est qu'on s'en prévaudrait infiniment
en faveur de l'institution, comme on se prévaut des
simulacres de religion qu'on y a introduits depuis que
les catholiques ont élevé tant de plaintes. L'établissement d'une mauvaise institution met de grands obstacles
à l'introduction d'une bonne. L'habitude se prend; on
ne connaît pas mieux; on change difficilement; des
intérêts la soutiennent; un parti se forme; et d'ailleurs,
il faut le confesser, de nos jours un grand nombre opte-
rait plutôt pour le mal que pour le bien.

L'opposition des évêques d'Irlande et du clergé de
France n'ont donc qu'un fondement trop réel. Ce n'est
pas pour le peuple seul qu'il faut craindre, mais pour
toutes les classes de la société; cette contagion peut
devenir générale.

J'avoue qu'il se trouve encore en France quelques
catholiques très-respectables qui hésitent d'abandonner entièrement ce système, mais leurs motifs même
en sont une condamnation; car ce n'est pas comme
approbateurs ou admirateurs *qu'ils hésitent,* mais parce
qu'ils voudraient que des catholiques s'en emparassent,

afin de ne pas laisser la place libre aux hérétiques et aux philosophes. J'espère avoir bien prouvé que le bien partiel qui en résulterait ne pourrait nullement dédommager du crédit que leur coopération donnerait à cette très-funeste méthode.

Des autres systêmes d'éducation du peuple.

Je n'ai pas prétendu parler de tous les systêmes qui existent; je ne m'attache qu'à ceux que nous avons intérêt de connaître. Le plus important de ceux qu'il nous reste à examiner, est celui des écoles d'Amsterdam.

Ces écoles ne doivent contenir que de trois à quatre cents enfans, c'est moins que celles de Lancaster; encore est-ce beaucoup trop. L'instituteur enseigne lui-même; il a sous lui un premier et un second sous-maîtres, et quelques apprentis-instituteurs et aspirans apprentis. Ce sont de jeunes gens tirés ordinairement de la classe même, mais qui ont fini leur cours et qui se destinent à l'enseignement. Ils présentent donc moins d'inconvéniens que les enfans de l'enseignement mutuel; toujours faut-il convenir qu'ils sont trop jeunes, et que si la classe est nombreuse le maître doit leur confier une très-grande partie de la besogne, ce qui est sûrement un défaut. Ces jeunes gens deviennent de bons ou de mauvais maîtres, suivant que le hasard les aura placés sous de bons ou de mauvais instituteurs. Une commission directrice fait des visites une fois le mois, *dit-on*. La commission sera-t-elle bien composée, religieuse, exacte, capable, zélée? Ce sont toutes questions qui offrent bien plus de probalité pour la négative que pour l'affirmative. La juridiction des évêques n'y est reconnue en rien, ni pour la nomination du maître ni pour l'inspection; donc ce systême n'est pas catholique.

Une des maximes fondamentales est d'admettre tous les changemens que l'on trouve utiles après examen; donc il est probable que sous les rapports de religion et de morale, ces écoles seront toujours entraînées au vent des doctrines régnantes. Les chefs des différentes écoles ne sont pas même assujettis à aucune méthode : ils suivent celle qu'on leur a apprise, s'ils la trouvent la meilleure.

J'y ai vu des pratiques fort ingénieuses ; en général j'ai remarqué en Hollande que cette nation observatrice en a plusieurs. Quelques-unes de ces pratiques sont peut-être expéditives, c'est encore une question pour moi, et d'ailleurs il faudrait voir si sous le rapport de l'ortographe on n'y perd pas. Mais le mérite de la promptitude est ce qui me touche le moins dans l'éducation : laissons aux postillons l'émulation de courir au plus vîte, et aux piqueurs celle de former les meilleurs coursiers ; pour nous, attachons-nous à former des hommes, ce n'est pas l'ouvrage d'un jour.

Dans les écoles d'Amsterdam on admet des enfans de tous les cultes, et les deux sexes dans la même salle ; ceci est peut-être d'un moindre inconvénient que de faire instruire des filles par des hommes et par de jeunes gens ; mais ces inconvéniens ne sont pas fondamentaux, ils peuvent être levés.

Cette méthode pourrait admettre l'enseignement de la religion, quand la classe ne serait pas trop nombreuse pour que le maître s'en chargeât ; mais ce maître sera-t-il capable et digne de s'en charger? En tout il n'y a pas à hésiter un instant entre ce système et l'institut des frères.

Depuis long-temps il existe en Hollande une école normale pour former des maîtres dans cette méthode ; on en a aussi établi une en Brabant. Tous ces efforts font sentir le vide que laisse la suppression des corporations religieuses ; mais ce vide ne sera jamais comblé, si l'on ne place pour base de l'édifice à élever la vraie pierre angulaire, et si l'on ne rappelle des corporations religieuses.

L'enseignement se trouve aussi dans les mains de beaucoup de maîtres particuliers qui ouvrent des écoles pour s'en former un moyen d'existence. Il y en a de bons et de mauvais, chacun suit la méthode qui lui semble la meilleure pour attirer beaucoup d'enfans. C'est le seul système d'éducation du peuple qu'il y ait eu en Belgique depuis la révolution ; il n'est pas étonnant que l'ignorance se soit tant accrue. Les écoles d'Amsterdam ont des pratiques préférables à cette routine commune ; je n'adopterais pas cependant tout ce qui s'y fait.

Cet enseignement particulier a du moins l'avantage d'être fait par des êtres raisonnables et de pouvoir par conséquent embrasser la religion et la morale et développer l'intelligence. Il faudrait le surveiller, l'aider, l'encourager, et sur-tout prendre toutes les mesures indiquées dans le 2.ᵉ chapitre (1). On pourrait par ces moyens en obtenir des services très-utiles.

Enfin, je termine par un mot sur le plan de M. Charles Lecoq. Je lui crois de bonnes intentions, car il prouve assez par son livre qu'il sent le prix et l'importance de la religion ; mais je suis persuadé que si ses idées étaient réalisées en grand, il aurait le regret de voir que les mesures qu'il propose ne rempliraient pas son but. Il faut le prouver. Ses écoles seront divisées en huit classes comme celles de Lancaster. On sait que dès l'âge d'onze ans les enfans entrent en apprentissage, donc les septième et huitième classes seront composées d'enfans d'onze à treize ans tout au plus ; et c'est à ces enfans qu'il veut remettre l'enseignement de l'histoire sainte et de la doctrine chrétienne dans les huit classes. Nous avons vu qu'ils en sont incapables ; par conséquent si M. Lecocq nous dit, page 109 : « Il n'est guères possible, « nous devons le reconnaître, de faire enseigner l'his- « toire sainte et la doctrine chrétienne par des enfans « qui ne savent pas lire ». J'ajoute : *cela serait impossible quand même ils sauraient lire.* S'il demande, page 111 : « Mais ne serait-il pas dangereux de confier l'instruc- « tion de la doctrine chrétienne et de l'histoire sainte « à de jeunes têtes à peine pénétrées de choses si graves? » Je réponds : *certainement, et les têtes des septième et huitième classes seront trop jeunes.* Quand il dit, page 111 : « Si l'on peut confier quelques leçons de ce genre à de « jeunes disciples, ce ne doit être que d'après un texte « dont ils ne puissent s'écarter ». J'ajoute encore : *ce livre qu'ils auront à la main n'obviera pas à leur incurie, à leur insouciance, à leur légèreté, à l'impossibilité de constater et sur-tout de redresser les incorrections. Si le christianisme avait été enseigné de cette manière, il ne serait jamais parvenu jusqu'à nous.* M. Lecocq veut encore que les enfans se rendent le dimanche au caté-

(1) Voyez page 12, de P. à P.

chisme de la paroisse ; cela est fort bien , mais j'ai prouvé que tout instituteur doit aider le curé. Il veut qu'un aumônier leur fasse l'instruction raisonnée le dimanche ; mais j'ai prouvé qu'il n'y avait pas assez de prêtres, et que tout système d'éducation qui ne renferme pas dans lui-même la possibilité d'enseigner la religion et la mo-morale est dangereux et vicieux et doit être proscrit. Un aumônier doit venir faire la prière pendant un quart-d'heure , le matin et le soir. Il paraît étonnant de charger un prêtre de faire simplement la prière, et des en-fans d'enseigner la religion ; mais M. Lecocq a bien senti qu'un prêtre ne pourrait pas suffire à cet enseignement, vu le nombre d'élèves que son plan admet. Un autre reproche grave à lui faire est que l'autorité épiscopale est entièrement oubliée. Ce serait une commission de laïques qui aurait la surintendance de ces écoles ; une autre commission pour les encouragemens admet deux ecclésiastiques sur sept membres , mais cela ne sauve pas la doctrine.

Toutes les classes doivent être enseignées et surveil-lées par des enfans d'une des classes supérieures, excepté la huitième qui serait dirigéepar le sous-maître , lequel semble ne devoir être qu'un jeune homme. M. Lecocq espère tirer un grand avantage de faire circuler con-tinuellement le maître dans les classes, celà est bon pour la surveillance ; mais l'enseignement n'en reste pas moins confié aux enfans. J'ai vu le maître circuler également dans l'école lancastérienne. Cet auteur pense que les trois méthodes des Frères, d'Amsterdam et de Lancaster ne sont pas autant opposées qu'on le croit ; c'est ne pas sentir que la force de l'opposition et la source de presque toutes les objections dérivent de l'emploi de ces instituteurs-enfans. Selon lui, sa mé-thode réunirait ce qu'il y a de mieux dans les trois ; c'est la prétention de tous ceux qui inventent une théo-rie. S'il s'en tenait simplement à la méthode des Frères, il n'aurait pas le malheur, qu'il semble beaucoup craindre, de donner à sa patrie une institution que toutes les précautions, dont il cherche à l'entourer, ne sauraient empêcher d'être très-mauvaise.

Je suis donc forcé, par toutes ces considérations, d'appliquer à ce plan , malgré les bonnes intentions de l'auteur, ce que j'ai dit de l'enseignement mutuel.

Il existe un système d'éducation du peuple que nous pouvons appeler parfait ; rien n'est plus facile que de nous en faire jouir. C'est celui des Frères des Écoles Chrétiennes et des Filles de St.-Vincent de Paule.

Les écoles particulières avec les précautions indiquées et la méthode d'Amsterdam avec les modifications indispensables dont j'ai donné l'aperçu, peuvent suivre les règles de la bonne éducation et lui rendre de grands services.

Un système incompatible avec la bonne éducation, et le plus funeste dans ses conséquences, vient se placer à côté de ceux-là.

Que faut-il penser de ceux qui donnent la préférence à ce dernier système et qui font tant d'efforts pour l'introduire et le généraliser par-tout?

Soyons indulgens pour ceux qui sont dans l'illusion ; mais pour les autres?.......... Je me dispense de prononcer. J'ai instruit le procès : que ceux qui croient à Dieu et à une âme immortelle, que les pères de famille, que la société entière portent la sentence.

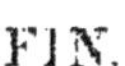

FIN.

www.ingramcontent.com/pod-product-compliance
Lightning Source LLC
LaVergne TN
LVHW022059180726
843503LV00013B/3826